슬기로운 초등 입학 준비를 위한

자신만만
1학년

KB059464

머리말

교재를 시작하기 전, 아빠, 엄마가
세상에서 가장 다정한 목소리로
아이에게 읽어 주세요.

자신만만한 1학년이 되고 싶은 친구들,
여기 모두모두 모여요!

사랑스러운 우리 친구들을 위해
이은경 선생님이 재미있고, 새롭고, 신나고, 귀여운 것들을
가득가득 준비했어요.
학교에 들어가기 전 우리 친구들이 느낄 걱정을
한 방에 해결할 열쇠가 바로 이 책에 있답니다.

이 책에서 친구들이 하게 될 활동이 무엇일지 정말 궁금하죠?
복잡한 구구단일까요? 어려운 맞춤법일까요?

땡, 모두 아니에요!

이 책에서 다루는 활동은 결코 복잡하거나 어렵지 않아요.
자신만만한 1학년이 되고 싶은 우리 친구들이
미리 해 봐야 할 즐거운 활동으로 꽉 채워져 있답니다.
이 책에 나온 활동들을 모두 하고 나면,
진짜 1학년이 되어 공부하고 생활하고 숙제하는 데
전혀 어려움 없이 척척 해낼 수 있을 거예요.
정말 이것만 하면 되냐고요? 네, 그래요!

「자신만만 1학년」 시리즈의 다양한 활동을
한 번씩만 해 보면 1학년 수업은 식은 죽 먹기가 될 거예요!

1. 색연필로 색칠하고 그려요

소근육이 크게 발달하는 1학년 아이들에게는 연필보다 색연필이 훨씬 좋은 필기구가 되어 줄 거예요. 의젓한 자세로 뾰족한 연필을 들고 글씨를 또박또박 써 내려가려면, 뭉툭하지만 단단한 색연필로 먼저 써 보는 경험이 필요하답니다.

색연필처럼 뭉툭하게 잘 써지는 사인펜을 좋아하는 친구도 있겠지만, 사인펜은 추천하지 않아요. 색연필에 비해 너무 미끄럽거든요. 색연필로 색칠하고 따라 그리다 보면 연필로 글씨를 바르게 쓰는 데 도움이 된답니다.

읽은 책의 표지 바꿔 다르게 그리기

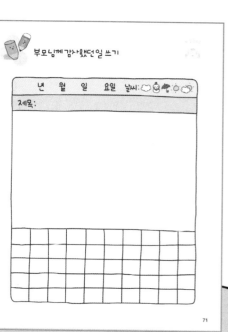

 부모님께 감사했던 일 쓰기

년 월 일 요일 날씨:

제목:

65

71

2. 연필로 또박또박 써요

아이의 1학년 입학을 앞둔 아빠, 엄마의 조급한 마음을 잘 압니다만, 누가 더 빨리 연필을 잡고 글씨를 쓰느냐로 결정되는 건 아무것도 없답니다. 한글을 먼저 읽는 순서대로 좋은 대학에 합격하는 것이 아니듯, 쓰기를 시작하는 시기 역시 크게 중요한 건 아니에요.

아이가 책을 여기저기 넘기며 또박또박 글자를 쓰는 과정에서 자연스럽게 자기 생각을 문장으로 표현하는 시기가 올 거예요. 그때가 되면 세상에서 가장 큰 박수로 아이의 성장을 기뻐하는 엄마, 아빠가 되어 주세요.

정답은 **94쪽**에

1

모음과 자음
따라 쓰기

모음 'ㅏ, ㅑ, ㅓ, ㅕ, ㅗ' 쓰기

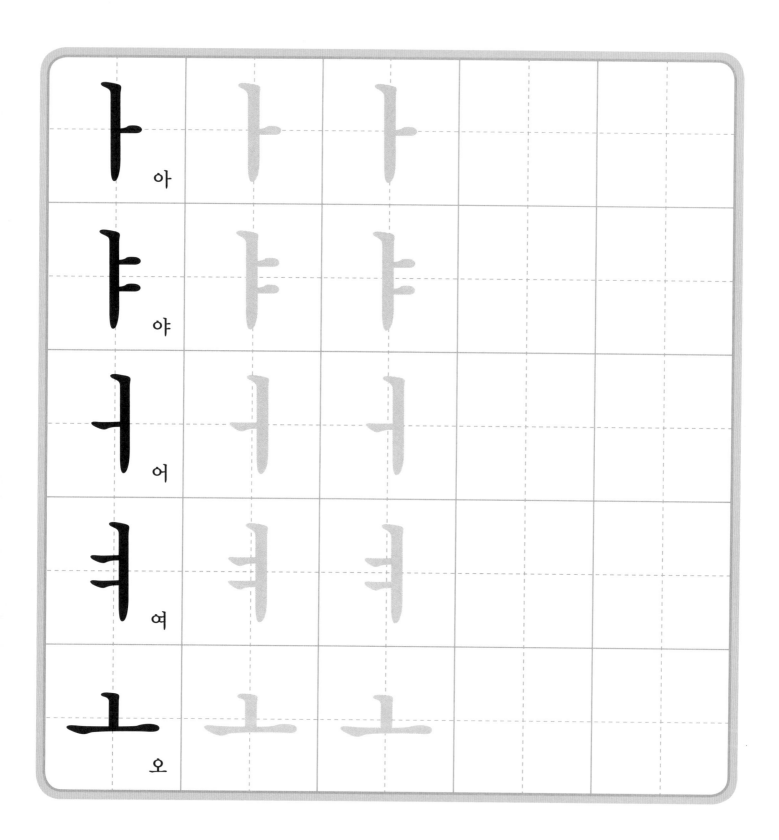

모음 'ㅛ, ㅜ, ㅠ, ㅡ, ㅣ' 쓰기

ㅛ 요	ㅛ	ㅛ		
ㅜ 우	ㅜ	ㅜ		
ㅠ 유	ㅠ	ㅠ		
ㅡ 으	ㅡ	ㅡ		
ㅣ 이	ㅣ	ㅣ		

모음이 들어간 낱말 읽고 그림과 연결하기

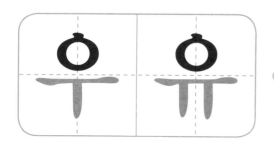 

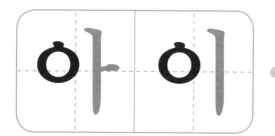 

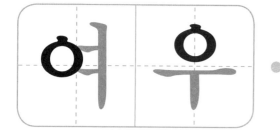 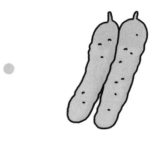

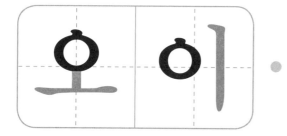 

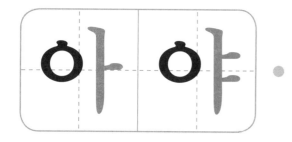 

모음이 들어간 낱말 따라 쓰기

우유 우유

아이 아이

여우 여우

오이 오이

아야 아야

참 잘했어요

자음 'ㄱ, ㄴ, ㄷ, ㄹ, ㅁ' 따라 쓰기

ㄱ 기역	ㄱ	ㄱ		
ㄴ 니은	ㄴ	ㄴ		
ㄷ 디귿	ㄷ	ㄷ		
ㄹ 리을	ㄹ	ㄹ		
ㅁ 미음	ㅁ	ㅁ		

참 잘했어요

가방

나무

다리

라면

마늘

자음 'ㅂ, ㅅ, ㅇ, ㅈ, ㅊ' 따라 쓰기

ㅂ 비읍	ㅂ	ㅂ		
ㅅ 시옷	ㅅ	ㅅ		
ㅇ 이응	ㅇ	ㅇ		
ㅈ 지읒	ㅈ	ㅈ		
ㅊ 치읓	ㅊ	ㅊ		

'ㅂ, ㅅ, ㅇ, ㅈ, ㅊ'이 들어간 낱말 따라 쓰기

바람

사랑

아기

자매

차

 자음 '크, ㅌ, ㅍ, ㅎ' 따라 쓰기

ㅋ	ㅋ	ㅋ			
키읔					
ㅌ	ㅌ	ㅌ			
티읕					
ㅍ	ㅍ	ㅍ			
피읖					
ㅎ	ㅎ	ㅎ			
히읗					

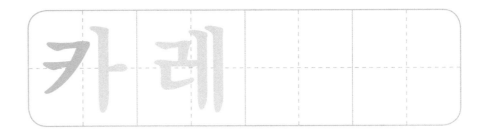
카레

타조

파도

하마

'ㄱ, ㄴ, ㄷ, ㄹ'이 들어간 낱말 쓰기

그네

날개

달

로켓

'口, ㅂ, ㅅ, ㅇ'이 들어간 낱말 쓰기

말

봄

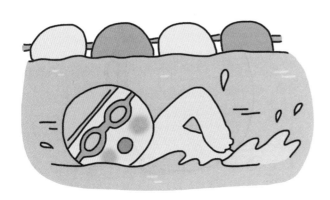

수 영

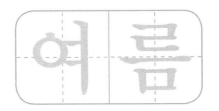

여 름

'ㅈ, ㅊ, ㅋ, ㅌ'이 들어간 낱말 쓰기

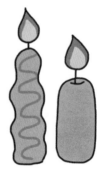

자동차

초

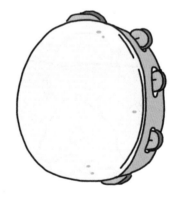

키위

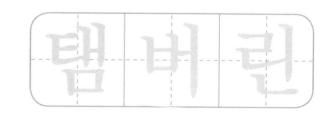

탬버린

'ㅍ, ㅎ'이 들어간 낱말 쓰기

펭귄

호두

풍선

하늘

꺼	꺼	꺼			
쌍기역					
ㄸ	ㄸ	ㄸ			
쌍디귿					
ㅃ	ㅃ	ㅃ			
쌍비읍					
ㅆ	ㅆ	ㅆ			
쌍시옷					
ㅉ	ㅉ	ㅉ			
쌍지읒					

'꾸, ㄸ, ㅃ, ㅆ, ㅉ'이 들어간 낱말 쓰기

꿈 꿈

땅 땅

빵 빵

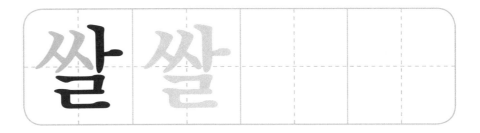

쌀 쌀

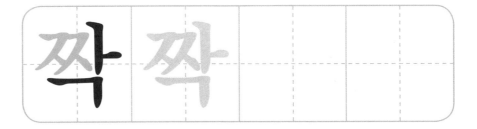

짝 짝

끈 끈

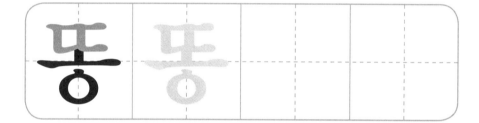

똥 똥

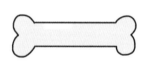

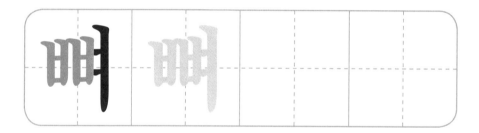

뼈 뼈

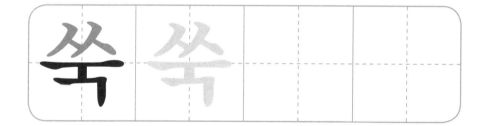

쑥 쑥

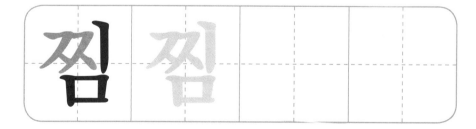

찜 찜

숨은 그림도 찾고, 찾은 그림의 이름도 따라 써 보세요.

2

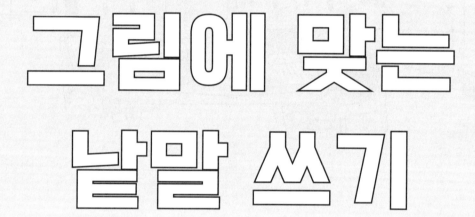

그림에 맞는
낱말 쓰기

- 그림에 맞는 낱말 찾아 쓰기
- 틀린 글자 찾아 고쳐 쓰기
- 그림에 맞는 낱말 쓰기
- 자음, 모음 복습하기

그림에 맞는 낱말 찾아 쓰기

보기

고래　　나무　　다람쥐　　라디오

그림에 맞는 낱말 찾아 쓰기

보기

무지개   바나나   입술   악어

 # 그림에 맞는 낱말 찾아 쓰기

참 잘했어요

주전자   집   텐트   호수   햄버거

 틀린 글자 찾아 고쳐 쓰기

 기<s>랸</s> → 기 린

 사 도 리

→ 사 　 리

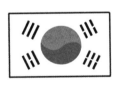

타 극 기

→ 　 극 기

 비 채 →  　 채

틀린 글자 찾아 고쳐 쓰기

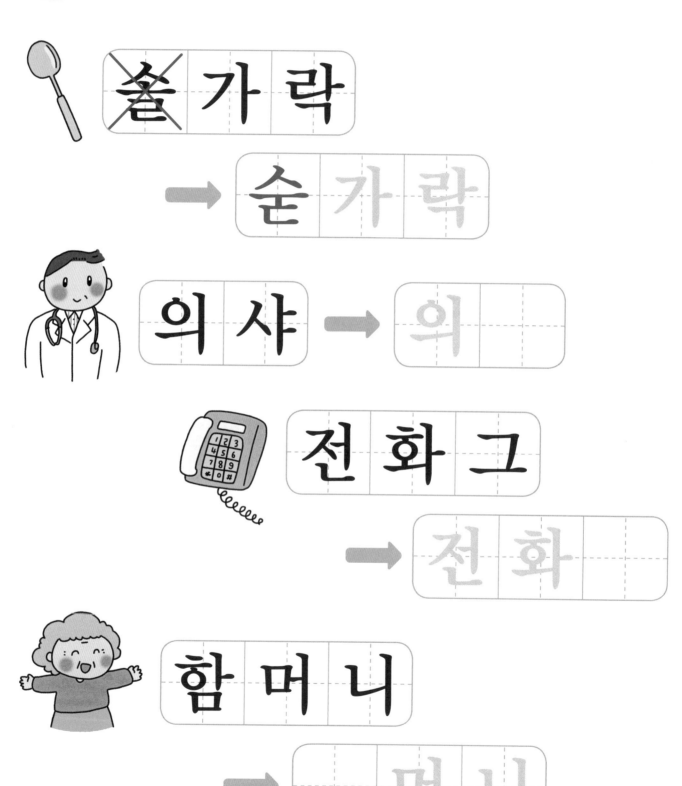

숟 가 락

→ 숟 가 락

의 샤 → 의

전 화 그

→ 전 화

함 머 니

→ 머 니

34

그림에 맞는 낱말 쓰기

참 잘했어요

ㄱ

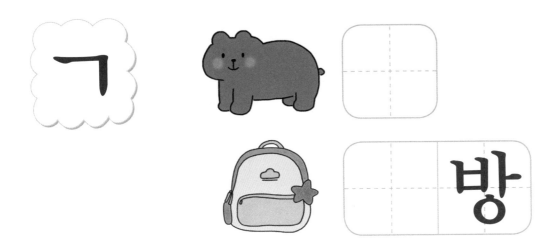

방

ㄴ

대

사

ㄷ

고 래

람 쥐

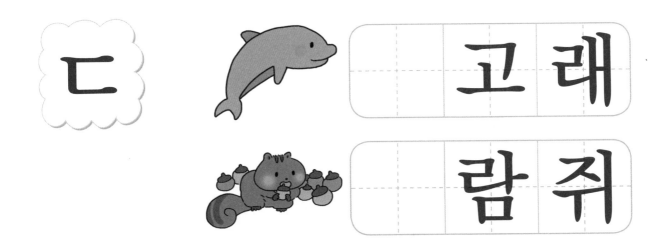

 그림에 맞는 낱말 쓰기

  봇

  몬

  두

36

그림에 맞는 낱말 쓰기

ㅅ  계

ㅇ  산

악

ㅈ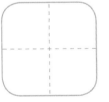

 구

그림에 맞는 낱말 쓰기

ㅊ

　문

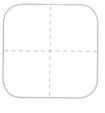

ㅋ

　거루

　뿔

ㅌ

　끼

　권

그림에 맞는 낱말 쓰기

ㅍ

도

연

ㅎ

글

랑

자음, 모음 복습하기

• 자음

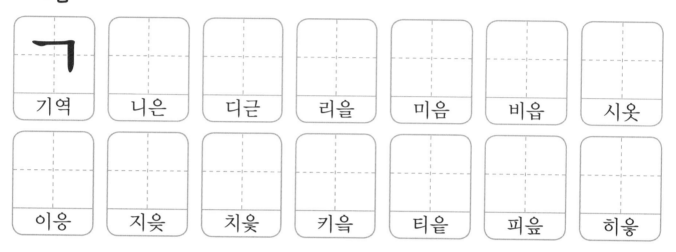

ㄱ						
기역	니은	디귿	리을	미음	비읍	시옷

이응	지읒	치읓	키읔	티읕	피읖	히읗

• 모음

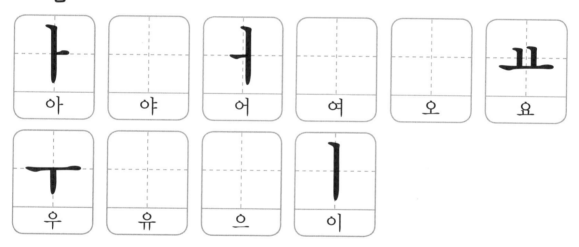

ㅏ		ㅓ			ㅛ
아	야	어	여	오	요

ㅜ			ㅣ
우	유	으	이

• 자음, 모음

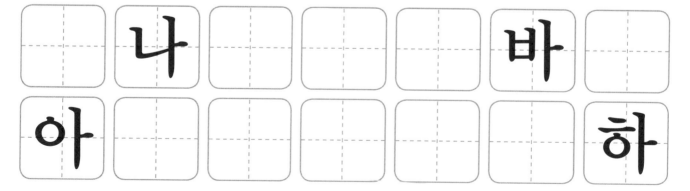

	나				바	
아						하

내가 사랑하는 우리 가족의 얼굴을 그리고 이름을 써 보아요.

이름 : _____

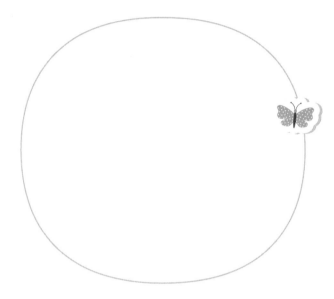

이름 : _____

이름 : _____

이름 : _____

3

여러 가지
표현 낱말 쓰기

모습을 표현한 낱말 찾아 쓰기

보기

| 주렁주렁 | 엉금엉금 | 알록달록 | 어슬렁어슬렁 |

아기가

기어가요.

사과가

열렸어요.

호랑이가

다가와요.

우산이

해요.

소리를 표현한 낱말 찾아 쓰기

 보기

꿀꿀   우르릉 쾅   뿡뿡   우당탕

돼지가

소리를 내요.

친구가

넘어져요.

아빠가 방귀를

뀌어요.

천둥소리에 놀라요.

45

비슷한 표현 따라 쓰기

돌보다

보살피다

모자라다

부족하다

감사하다

고맙다

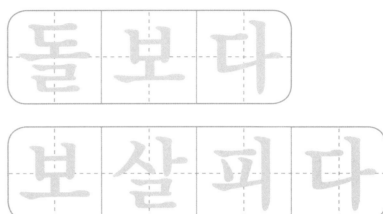

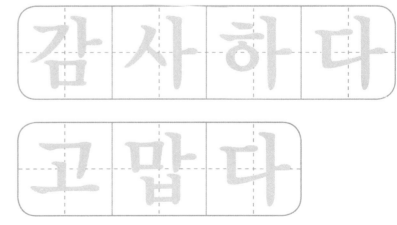

46

비슷한 표현 따라 쓰기

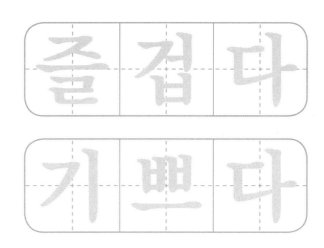

즐겁다

기쁘다

친하다

가깝다

구경하다

감상하다

반대되는 표현따라 쓰기

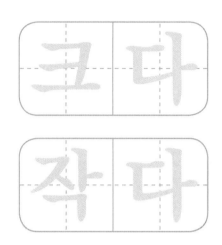
크다
작다

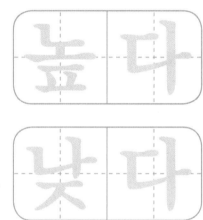
높다
낮다

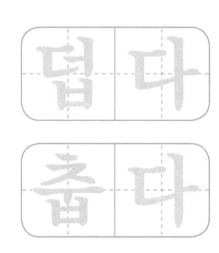
덥다
춥다

반대되는 표현 따라 쓰기

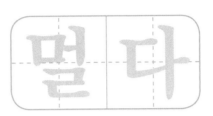

멀다

가깝다

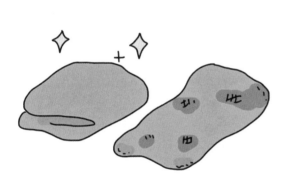

깨끗하다

더럽다

말랑하다

딱딱하다

감정을 표현하는 낱말 따라 쓰기

행 복 하 다

신 나 다

화 나 다

속 상 하 다

아 프 다

괴 롭 다

 감정을 표현하는 낱말 따라 쓰기

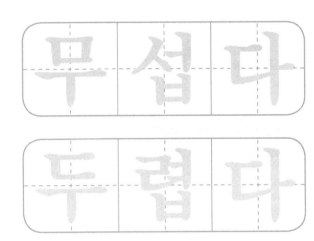

무섭다

두렵다

재미있다

흥미롭다

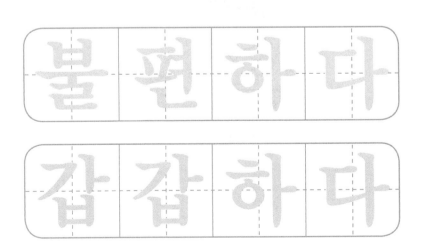

불편하다

갑갑하다

집에서 하는 생활을 표현한 낱말 따라 쓰기

요리하다

닦다

버리다

정리하다

자다

학교생활을 표현한 낱말 따라 쓰기

공부하다

돕다

청소하다

빌려주다

열다

운동장 놀이를 표현한 낱말 따라 쓰기

뛰 다

차 다

양 보 하 다

타 다

매 달 리 다

동생과 자전거를 타고 아이스크림을 먹었어요.
멋진 무지개도 있네요.

무 지 개

아 이 스 크 림

자 전 거

4

표현하는 문장 완성하기

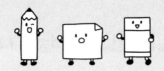

- 우리 가족을 그리고 소개하기

- 사계절 표현하기

- 날씨 표현하기

- 음식 표현하기

- 동물 표현하기

- 내 친구를 그리고 소개하기

- 읽은 책 소개하기

- 읽은 책의 표지 바꿔 다르게 그리기

- 읽은 책의 표지 그리고 소개하기

우리 가족을 그리고 소개하기

 보기

❀ 아빠는 _____ 요리를 잘해요 _____ .

❀ 엄마는 _____ 웃는 모습이 예뻐요 _____ .

❀ 나는 _____ 씩씩해요 _____ .

❀ 아빠는 _____ .

❀ 엄마는 _____ .

❀ 나는 _____ .

❀ _____ 은/는 _____ .

사계절 표현하기

❀ 봄은 ___따뜻해요_____ .

❀ 여름은 _____ .

❀ 가을은 _____ .

❀ 겨울은 _____ .

날씨 표현하기

솔솔   주룩주룩   쨍쨍   펑펑

해가 _____ 나요.

비가 _____ 와요.

눈이 _____ 내려요.

바람이 _____ 불어요.

 음식 표현하기

고소해요   얼큰해요   달아요   매콤해요

김치찌개는

_____ .

케이크는

_____ .

떡볶이는

_____ .

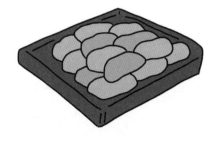

인절미는

_____ .

동물 표현하기

참 잘했어요

보기

느려요　　입이 커요　　코가 길어요　　몸이 길어요

코끼리는

_____ .

악어는

_____ .

거북이는

_____ .

뱀은

_____ .

내 친구를 그리고 소개하기

참 잘했어요

보기

친절해요   귀여워요   착해요   용감해요

➡ 내 친구는 _____ .

➡ 내 친구는 _____ .

읽은 책 소개하기

- 책 제목: 눈물 바다
- 글: 서현
- 그림: 서현

주인공이 펑펑 울어서 세상이

눈물 바다가 되었어요.

- 책 제목: 강아지 복실이
- 글: 한미호
- 그림: 김유대

읽은 책의 표지 바꿔 다르게 그리기

참 잘했어요

책 제목 _____

읽은 책의 표지 그리고 소개하기

책 제목

안녕, 친구들!
만나서 반가워. 우리 사이좋게 지내자.

내 이름은 _____ 이야.

★ 나는 _____ .

★ 나는 _____ .

★ 나는 _____ .

5

그림일기 쓰기

- 그림일기 쓰는 방법 알기

- 부모님께 감사했던 일 쓰기

- 친구와 신났던 일 쓰기

- 부모님께 혼나서 속상했던 일 쓰기

- 내가 좋아하는 음식에 관한 일 쓰기

- 즐거웠던 여행 이야기 쓰기

- 내가 가장 좋아하는 사람에 대해 쓰기

- 내가 가장 좋아하는 동물에 대해 쓰기

- 내가 가장 받고 싶은 선물에 대해 쓰기

그림일기 쓰는 방법 알기

참 잘했어요

보기

9월 8일 수요일 날씨: ☁
제목: 그네 타는 건 즐거워!

	놀	이	터	에	서		그	네	를	
탔	다	.	하	늘	을		나	는		것
처	럼		신	났	다	.	내	일		또
타	고		싶	다	.					

1. 날짜, 요일, 날씨를 적어요.

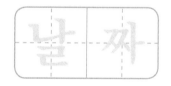  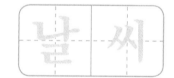

2. 제목을 적어요.

3. 하루 일 중 기억에 남는 일을 그림으로 그리고, 글로 써요. 생각이나 느낌도 함께
써요.

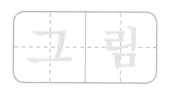

부모님께 감사했던 일 쓰기

년	월	일	요일	날씨:

제목:

부모님께 감사했던 일 쓰기

친구와 신났던 일 쓰기

년 월 일 요일 날씨:
제목:

부모님께 혼나서 속상했던 일 쓰기

참 잘했어요

년	월	일	요일	날씨:

제목:

내가 좋아하는 음식에 관한 일 쓰기

참 잘했어요

년 월 일 요일 날씨:

제목:

즐거웠던 여행 이야기 쓰기

년	월	일	요일	날씨:

제목:

내가 가장 좋아하는 사람에 대해 쓰기

참 잘했어요

년	월	일	요일	날씨:

제목:

내가 가장 좋아하는 동물에 대해 쓰기

창 잘했어요

년	월	일	요일	날씨:

제목:

내가 가장 받고 싶은 선물에 대해 쓰기

참 잘했어요

년   월   일   요일   날씨:

제목:

내가 가장 행복했던 날을 떠올리며 그림을 그리고,
아래 질문에도 답해 보세요.

• 가장 행복했던 날은? _____

• 무엇 때문에 행복했나요? _____

6

알림장 쓰기

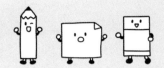

참 잘했어요

3월 알림장

월	일	요일	선생님 확인		부모님 확인	

1. 연필 4자루 깎아서 가지고 다니기.

1. 연필 4자루 깎아서 가지고 다니기.

2. 풀, 가위, 색연필 준비하기.

2. 풀, 가위, 색연필 준비하기.

3. 모든 물건에 내 이름 꼭 쓰기.

3. 모든 물건에 내 이름 꼭 쓰기.

4. 안내장 3장에 부모님 확인 받아 오기.

4. 안내장 3장에 부모님 확인 받아 오기.

5. 차 조심하며 집으로 가기.

5. 차 조심하며 집으로 가기.

3월 알림장

참 잘했어요

월	일	요일	선생님 확인	◯	부모님 확인	◯

1.	방과 후 신청서 내일까지 내기.
1.	방과 후 신청서 내일까지 내기.
2.	개인 물티슈, 휴지 준비하기.
2.	개인 물티슈, 휴지 준비하기.
3.	교외 체험 학습은 가기 3일 전에 신청하기.
3.	교외 체험 학습은 가기 3일 전에 신청하기.
4.	우유 급식 희망하는 사람만 신청하기.
4.	우유 급식 희망하는 사람만 신청하기.
5.	집에 가면 알림장 꼭 확인하기.
5.	집에 가면 알림장 꼭 확인하기.

 **3월 알림장**

월	일	요일	선생님 확인		부모님 확인	
				◯		◯

1. 학부모총회 안내장 확인 받아 오기.

1. 학부모총회 안내장 확인 받아 오기.

2. 줄넘기 실내화를 주머니에 넣고 다니기.

2. 줄넘기 실내화를 주머니에 넣고 다니기.

3. 읽고 싶은 책을 항상 가지고 다니기.

3. 읽고 싶은 책을 항상 가지고 다니기.

4. 실내에서 뛰지 않기.

4. 실내에서 뛰지 않기.

5. 학교 끝나고 곧장 집으로 가기.

5. 학교 끝나고 곧장 집으로 가기.

3월 알림장

월	일	요일	선생님 확인 ◯	부모님 확인 ◯

1.	학부모 상담 신청서 작성해서 내기.
1.	학부모 상담 신청서 작성해서 내기.
2.	하루에 30분, 바른 자세로 책 읽기.
2.	하루에 30분, 바른 자세로 책 읽기.
3.	화장실 깨끗하게 사용하기.
3.	화장실 깨끗하게 사용하기.
4.	학교에 장난감 가지고 오지 않기.
4.	학교에 장난감 가지고 오지 않기.
5.	미세먼지 나쁨일 때 야외 활동 자제하기.
5.	미세먼지 나쁨일 때 야외 활동 자제하기.

주말 알림장

참 잘했어요

월	일	요일	선생님 확인		부모님 확인	

1. 주간 학습 안내 확인하기.

2. 수학 익힘책 20~21쪽 풀고 부모님 확인받기.

3. 건강 검진 안내장 확인하고 건강 검진 받기.

4. 주말 동안 좋은 책 많이 읽기.

5. 안전하고 즐거운 주말 보내기.

운동회 전날 알림장

참 잘했어요

월	일	요일	선생님 확인		부모님 확인	

1.	내일은 운동회!
2.	편한 운동복 입고, 운동화 신고 오기.
3.	마실 물 꼭 챙겨 오기.
4.	4교시까지 한 후에 급식 먹고 하교하기.
5.	친구가 싫어하는 말과 행동을 하지 않기.
6.	질서를 잘 지키며 안전하게 마치기.

5월 어버이날 전날 알림장

월	일	요일	선생님 확인		부모님 확인	
				◯		◯

1. 어버이날에 부모님께 카드 전해 드리기.

2. 부모님을 기쁘게 해 드릴 일 한 가지 하기.

3. 학교에 간식 가지고 오지 않기.

4. 집에 가면 손 깨끗이 씻기.

5. 횡단보도 건널 때는 신호등 잘 보고 건너기.

현장 체험 학습 가기 전날 알림장

참 잘했어요

| 월 | 일 | 요일 | 선생님 확인 | ◯ | 부모님 확인 | ◯ |

1.	내일은 현장 체험 학습 가는 날!
2.	8시 40분까지 꼭 등교하기.
3.	편한 복장에 운동화 신고 오기.
4.	도시락, 물, 간식, 물휴지, 비닐봉지 준비하기.
5.	멀미하는 사람은 멀미약 먹고 오기.
6.	지각하게 되면 선생님께 꼭 연락하기.

받아쓰기 준비 알림장

참 잘했어요

월	일	요일	선생님 확인	◯	부모님 확인	◯

1. 받아쓰기 공책과 10칸 공책 준비하기.

2. 10칸 공책에 받아쓰기 5급 3번 쓰기.

3. 수업 시간에 불필요한 말 하지 않기.

4. 자전거는 차 없는 곳에서 안전하게 타기.

5. 모르는 사람이 주는 음식 먹지 않기.

숙제 알림장

참 잘했어요

월	일	요일	선생님 확인		부모님 확인	

1. 받아쓰기에서 틀린 문장 3번 쓰기.

2. 구구단 2단 외우기.

3. 실내화 빨아오기.

4. 친구를 놀리지 않기.

5. 줄을 바르게 서기.

방학하는 날 알림장

월	일	요일	선생님 확인	◯	부모님 확인	◯

1. 1학기 생활통지표 확인하기.

2. 개학하는 날, 9시까지 등교하기.

3. 개학식 날 4교시까지 한 후에 급식 먹고 하교하기.

4. 위험한 곳에서 놀지 않기.

5. 외출할 때는 부모님께 허락 맡고 나가기.

6. 신나게 방학 보내고 개학식 날 만나기.

오늘 나는 어떤 일을 하였나요?
오늘 한 일을 적고, 확인란에 표시해 보세요.

이름: (   )월 (   )일 (   )요일

확인

1. ☐

2. ☐

3. ☐

4. ☐

정답

10 ~ 11쪽
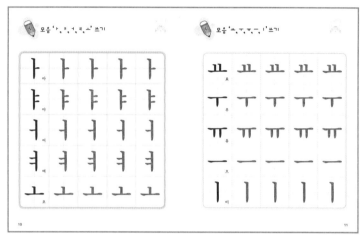

12 ~ 13쪽
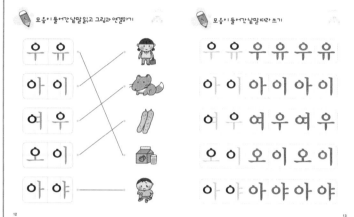

14 ~ 15쪽

16 ~ 17쪽

18 ~ 19쪽

20 ~ 21쪽

22 ~ 23쪽

24 ~ 25쪽

26 ~ 27쪽

30 ~ 31쪽

32 ~ 33쪽

34 ~ 35쪽

정답

36 ~ 37쪽

그림에 맞는 낱말 쓰기

ㄹ 로봇
  레몬

ㅁ 만두
  물

ㅂ 밥
  붓

그림에 맞는 낱말 쓰기

ㅅ 시계
  새

ㅇ 우산
  악어

ㅈ 자
  지구

38 ~ 39쪽

그림에 맞는 낱말 쓰기

ㅊ 창문
  춤

ㅋ 캥거루
  코뿔소

ㅌ 토끼
  태권도

그림에 맞는 낱말 쓰기

ㅍ 파
  포도
  연필

ㅎ 해
  한글
  호랑이

40 ~ 41쪽

자음, 모음 복습하기

· 자음
ㄱ ㄴ ㄷ ㄹ ㅁ ㅂ ㅅ
기역 니은 디귿 리을 미음 비읍 시옷
ㅇ ㅈ ㅊ ㅋ ㅌ ㅍ ㅎ
이응 지읒 치읓 키읔 티읕 피읖 히읗

· 모음
ㅏ ㅑ ㅓ ㅕ ㅗ ㅛ
아 야 어 여 오 요
ㅜ ㅠ ㅡ ㅣ
우 유 으 이

· 자음, 모음
가 나 다 라 마 바 사
아 자 차 카 타 파 하

이름: 아빠   이름: 엄마

이름: 서하윤   이름: 서하준

44 ~ 45쪽

모습을 표현한 낱말 찾아 쓰기

주렁주렁 엉금엉금 알록달록 어슬렁어슬렁

아기가 엉금엉금 기어가요.

사과가 주렁주렁 열렸어요.

호랑이가 어슬렁어슬렁 다가와요.

우산이 알록달록 해요.

소리를 표현한 낱말 찾아 쓰기

꿀꿀 우르릉 쾅 뿡뿡 우당탕

돼지가 꿀꿀 소리를 내요.

친구가 우당탕 넘어져요.

아빠가 방귀를 뿡뿡 뀌어요.

우르릉 쾅 천둥소리에 놀라요.

46 ~ 47쪽

비슷한 표현 따라 쓰기

돌보다
보살피다

모자라다
부족하다

감사하다
고맙다

비슷한 표현 따라 쓰기

즐겁다
기쁘다

친하다
가깝다

구경하다
감상하다

48 ~ 49쪽

반대되는 표현 따라 쓰기

크다
작다

높다
낮다

덥다
춥다

반대되는 표현 따라 쓰기

멀다
가깝다

깨끗하다
더럽다

말랑하다
딱딱하다

50 ~ 51쪽

52 ~ 53쪽

54 ~ 55쪽

58 ~ 59쪽

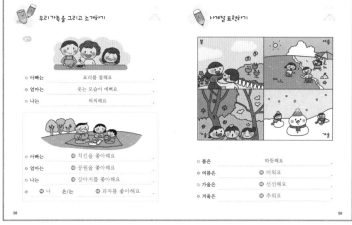

60 ~ 61쪽

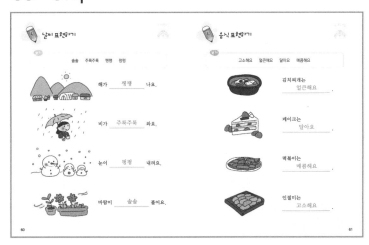

62 ~ 63쪽

64 ~ 65쪽

66 ~ 67쪽

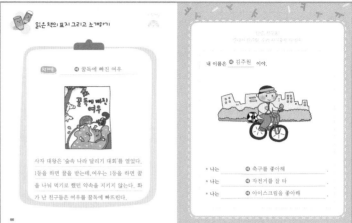

70쪽

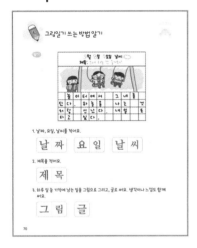

82 ~ 83쪽

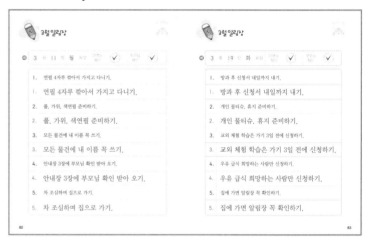

84 ~ 85쪽

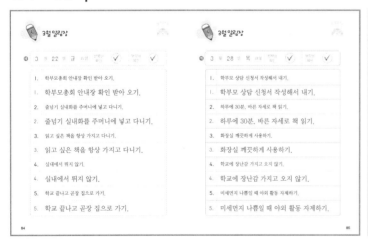

86 ~ 87쪽

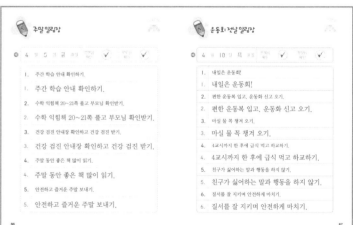

88 ~ 89쪽

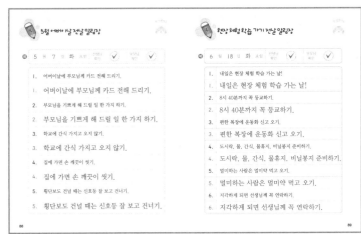

5월 어버이날 전날 알림장

5월 7일 화 시간 [부모님 확인 ✓] [선생님 확인 ✓]

1. 어버이날에 부모님께 카드 전해 드리기.
2. 부모님을 기쁘게 해 드릴 일 한 가지 하기.
3. 학교에 간식 가지고 오지 않기.
4. 집에 가면 손 깨끗이 씻기.
5. 횡단보도 건널 때는 신호등 잘 보고 건너기.

현장 체험학습 가기 전날 알림장

6월 18일 화 요일 [부모님 확인 ✓] [선생님 확인 ✓]

1. 내일은 현장 체험 학습 가는 날!
2. 8시 40분까지 꼭 등교하기.
3. 편한 복장에 운동화 신고 오기.
4. 도시락, 물, 간식, 물휴지, 비닐봉지 준비하기.
5. 멀미하는 사람은 멀미약 먹고 오기.
6. 지각하게 되면 선생님께 꼭 연락하기.

90 ~ 91쪽

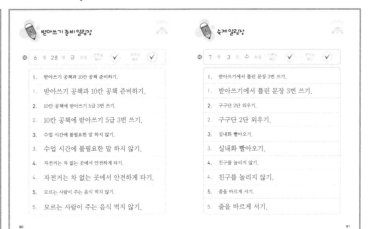

받아쓰기 준비 알림장

6월 28일 금 요일 [부모님 확인 ✓] [선생님 확인 ✓]

1. 받아쓰기 공책과 10칸 공책 준비하기.
2. 10칸 공책에 받아쓰기 5급 3번 쓰기.
3. 수업 시간에 불필요한 말 하지 않기.
4. 자전거는 차 없는 곳에서 안전하게 타기.
5. 모르는 사람이 주는 음식 먹지 않기.

숙제 알림장

7월 3일 수 요일 [부모님 확인 ✓] [선생님 확인 ✓]

1. 받아쓰기에서 틀린 문장 3번 쓰기.
2. 구구단 2단 외우기.
3. 실내화 빨아오기.
4. 친구를 놀리지 않기.
5. 줄을 바르게 서기.

92 ~ 93쪽

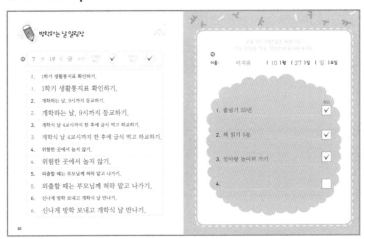

방학하는 날 알림장

7월 19일 금 요일 [부모님 확인 ✓] [선생님 확인 ✓]

1. 1학기 생활통지표 확인하기.
2. 개학하는 날, 9시까지 등교하기.
3. 개학식 날 4교시까지 한 후에 급식 먹고 하교하기.
4. 위험한 곳에서 놀지 않기.
5. 외출할 때는 부모님께 허락 맡고 나가기.
6. 신나게 방학 보내고 개학식 날 만나기.

이름: 이지유 (10)월 (27)일 (일)요일

1. 줄넘기 20번 ✓
2. 책 읽기 5분 ✓
3. 엄마랑 놀이터 가기 ✓
4. ☐

메모

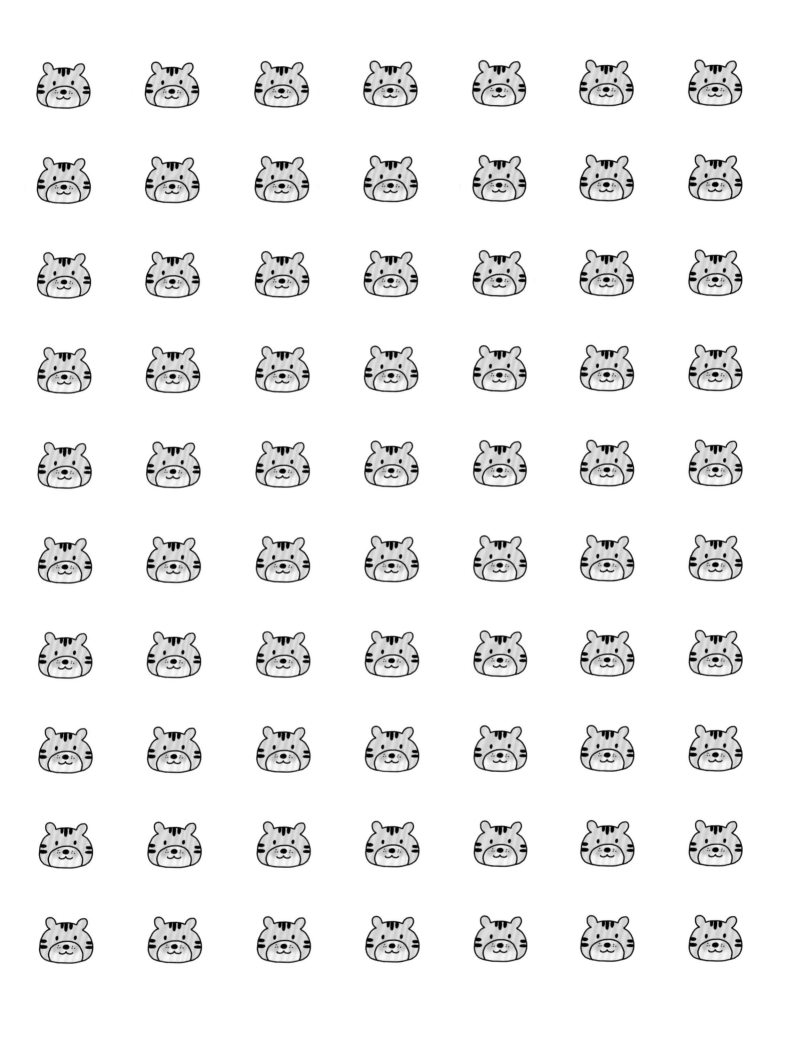